13.º Premio de Poesía

Universidad de Oviedo

TELÉMACO EN LA GARGANTA

Patricia Suárez Álvarez

Universidad de Oviedo

3

Un jurado presidido por Delegación de la Vicerrectora de Extensión Universitaria y Proyección Cultural por Luz Mar González Arias, Directora del CSU de Avilés y los vocales Inés López Manrique, Directora de Área de Proyección Cultural, Natalia Menéndez Rodríguez, Escritora Juan Emilio Tazón Salces. Profesor Jubilado Universidad de Oviedo y Máximo Aláez Corral, Profesor Dpto. Filología Inglesa, Francesa y Alemana Universidad de Oviedo; concedió a este libro el premio del XIII Concurso Literario de la Universidad de Oviedo en su modalidad de poesía.

Ediciones de la Universidad de Oviedo
Servicio de Publicaciones de la Universidad de Oviedo
ISNI: 0000 0004 8513 7929
Campus de Humanidades. Edificio de Servicios.
33011 Oviedo (Asturias)
Tel. 985 10 95 03 Fax 985 10 95 07
https://publicaciones.uniovi.es/
servipub@uniovi.es

Edita e Imprime: Servicio de Publicaciones. Universidad de Oviedo
DL AS 1158-2024
ISBN: 978-84-10135-23-9

TELÉMACO EN LA GARGANTA

Patricia Suárez Álvarez

«Las palabras vacías son malvadas»
La *Odisea*, Homero

«No hay añoranza que pueda alzar de nuevo las losas que cada uno arrastramos o que pueda alejar el mar de los frutales... Cerca, mi hija pequeña, llorando, suena como la hija de otra gente»
Memorias de un mujeriego, Leonard Cohen

«Me entreno para estar despierta. Dicen: "Les sucede a todos: el tiempo pasa". Me dirán loca. Yo siempre estaré buscando, bajo los adoquines, la arena de la playa»
Teoría de la gravedad, Leila Guerriero

«Yo quise imaginarme, / como tú en tu canción, / que aún queda la existencia»
Luis Eduardo Aute

«Telémaco, querido, en verdad / todas las islas se parecen una a otra / cuando es tan largo el viaje: el cerebro ya / va perdiendo la cuenta de las olas»
Joseph Brodsky

I

20 maneras de rellenar el tiempo y una Penélope
desesperada: tejiendo la ausencia nacieron
la rabia griega / la espera eterna / la paciencia de ella. Hijas
sin figura paterna.

El recuerdo: un sudario inacabado y un caballo de madera.
Entre las manos de los dioses, se esconde un nombre.
Ulises es el hombre que vuelve.

Debajo del deseo, se encuentra un hijo buscando a un padre
que dejó a su familia en tierra.

Detrás de la soledad, se esconden la palabra y la guerra: el
significado está en el retorno.

De no haber sido por el fuego, aún quedaría Troya.

II

En cada hoja agujereada,
hay un caracol desfilando
deseando ser dueño del defecto.

Carrera de lentos sin meta
por conquistar el verde perforado.
Ninguno se ha parado a pensar en la hierba
Los tentáculos saludan a la cara del hambre
por saborear un paseo sobre la fronda.
Salen a comerse el manjar que un niño del parque pisa.

III

«He dicho que no tengo familia, pero no que mi apartamento esté vacío»
El apartamento

Tienes un amante en la punta de la garganta:
tose o entrega las llaves al casero,
que el orgasmo ha terminado
y la vida sigue su obra entre
demolición, cemento y levantamiento.

Entrega las bragas.
Dobla el sujetador.
Limpia las sábanas.

La cama está cansada de bailes sin amor.

Este apartamento no te pertenece.
Lo dice en
la escritura,
tus cuerdas vocales
y facturas.

Todo sexo acaba donde empieza: en el impulso.

Las paredes ven lo que el dueño conoce.
En casa ajena,
nacen más mujeres y mueren los niños que nunca se tienen.

Tienes un muro en tu cuello:
o edificas
o abandonas.

IV

Tengo un perro afónico en la garganta.
Cuando pide pienso,
me hace cosquillas para que tosa y trague.
Cuando yo pienso,
me quedo sin saliva y se me quita el hambre.
Yo hablo con palabras,
él responde con acciones.
Estoy más cerca de ladrar.
Está solucionando su vida ocupando un cuerpo que no es suyo.

¿Quién es el animal?

V

Hay una noche en mi estómago
que todos los sábados sale a bailar con la luna.

Yo la mantengo atada en la semana, con arnés y correa,
porque tengo miedo de que se escape
en busca de otra entraña.

La playa dice que me coma al sol
que, más allá de la oscuridad,
también hay luz sin estrellas,
pero yo no puedo evitar ese ladrido:
aún no me he desparasitado.

Perra noctámbula
que pasea por mi cuerpo,
cotiza mi carne,
se jubila en mi sangre: no quiero arena, sino parque canino.

Mestiza en busca de protectora,
que fue secuestrada sin haber sido dada en adopción.

Ahora, en el umbral del verano,
pienso si jugará con el hueso cuando se entere
de que los días son más largos.

VI

Tú me has visto crecer:
has pasado mi etapa de colegio, instituto, facultad y tesis.

Yo te he visto
tomar un biberón más pequeño que mi mano;
jugar con un ratón de lana;
arañar las paredes del sofá;
rascar el cartón con tus uñas felinas.

Cada día eras más gata
y ahora te veo atrincherada en la almohada de la cama.

Mientras tú perdías pelaje,
el futuro se me hacía bola.

Las dos estábamos perdiendo:
tú, tu lado animal,
yo, mi faceta humana al pensar que la vida me debía algo.

Me has enseñado
que la felicidad puede nacer en un ronroneo
y criarse en casa a través de un rayo de luz.

Yo te enseñé a estar en mis brazos siempre:
aún no aprendí a encontrarte sin saltos.
¿Adónde va el hogar cuando ya no corren las bolas de pelo?

VII

Leila Guerriero
dijo en *El País*
que el mejor periodista no se licenció en Periodismo.

David Foster Wallace,
mándame una señal bilingüe para saber si una filóloga
tiene en su palabra reservado un pase de prensa.

VIII

«Volverás a mi huerto y a mi higuera: / por los altos andamios de las flores / pajareará tu alma colmenera»

Miguel Hernández

Tú sabes lo que es pelar una granada con las manos atadas,
querida fruta perdida;
conoces el paso de los pies descalzos sobre ortigas de
Asturias, perdida fruta querida;
has vivido más muerte que costumbre y eso te ha hecho
inmune a la vida, querida fruta herida.

Aún te pregunto, en la casa que nunca compraremos,
qué es para ti el Génesis sentimental.
—Una fábula o un acontecimiento—

Tú dominas el racionalismo, y Sartre y Camus —y Hannah
Arendt y Simone y Shestov y Cioran—
te parecen personas que han tenido mucho rato libre para
escribir, fruta vaciada querida;
descubres el sentido de la existencia a través del sudor, los
motivos, la siesta y el despertador, querida fruta pelada;
has hablado como quien exprime el zumo y se deja la pulpa
en el armario, querida fruta perforada.

Aún te pregunto, en la habitación que nunca estrenaremos,
si el sexo es para ti un tabú o un acto de rebeldía satánica.
—En la que Dios tiene la puerta cerrada—

Tú viajas a través de los canales de televisión, querida fruta
cuarteada;
comprendes el vaivén de las cosas cuando les pones
nombre y apellido, perdida fruta rebotada;
has existido estudiando cómo es tu presencia, querida fruta
cortada.

Aún te pregunto, en la cuna de los hijos que nunca
tendremos,
cuándo se rompió el umbral que separa tu sangre de mi
maternidad.
—Se ha roto el cristal y aún no ha nacido la carne—.

IX

Si me atrajera el opuesto,
sería más fácil sentirme / ligada / demandada / ocupada,

pero prefiero la apatía
de quien desea a una mujer codeada de hombres
antes que vivir en un ataúd que late.

X
LEÚCADE

«¿Quién ahora, ay, Safo, te agravia?»

He visto a Safo en mi bañera la mañana de un lunes.
Mientras el cielo lloraba la pérdida del invierno,
una espuma blanca llenó mi baño de grava sáfica.
—No había escoba que barriera eso—.

Hablaba de Pítaco cuando el agua se revolvía hacia su polvo;
imaginaba, con las manos entrecruzadas sobre su nuca, La casa de las musas;
invocaba a Afrodita en un baile de pompas de jabón.
—Se preguntaba por qué los pasos la alejaron de Grecia—.

Mientras un repartidor picaba al timbre de mi piso,
a Safo se le encogían las yemas de los dedos.
Y yo no pude hacer nada para que no se le arrugara la piel entre el agua.
Y yo no pude hacer nada para que la edad fuese un número inmune a la tierra.
—Imagino que la arruga fue el preludio que la llevó a no conocer el resto de la casa—.

Escribía a mujeres enredadas en generaciones contrarias;
paladeaba las identidades de ellas en un intento de presentármelas;
buscaba ponerme celosa. No preguntó por mi nombre.
—Pienso que la experiencia pudo más que las ganas—.

Tras hablar de realidades lésbicas,
cerró el grifo por un hombre y se arrojó al mar.
—Me pregunto si, desde la roca, recordó mi tina—.

XI

Mi cabeza es un complejo urbanístico al lado de un bajo
destinado a servicios sociales.
En la tele, anuncian vacaciones de verano mientras analizo
una elegía.
Una pareja de adolescentes se besa en la calle y mi abuela
se ha quedado viuda.
—Siempre se pierde algo cuando se juntan dos
contradicciones—
A o B: A veces es Z. Yo le lloro a la vida
por no dejar que rasque el matiz hasta que mi sangre
invente palabras.
Camino en el margen de la indecisión porque Alegría y
Biografía nunca fueron homosexuales.
Entonces, es Zurda quien, con su mano, traza, torcido, el
perfil de mis pasos.

Mi beso es la propagación de una peste erradicada.
En el periódico, publicitan las campañas electorales
mientras Nadie vaga por los bares en busca de techo,
comida y bebida.
Un matrimonio de jubilados toma un Rioja y mi abuelo se
ha muerto.
—Nunca se ganan dos cosas a la vez cuando solo pasa una—

Ser o Shakespeare. Baudelaire o santa Teresa. Yo le cedo al cuerpo
la ventaja de no tener nombre.
Entre piel y poema, mi carne se pudre esperando un verso que me entienda.
Lorca y Liddell no se conocieron y, sin embargo, duermen todas las noches en mi cama.

—Siempre queda la costumbre acostada en la casa de una
novedad con insomnio—.

XII

El tiempo está cambiando de cara:
Se vuelve a presentar en mi casa
más cansado,
con menos ganas de hablar,
viendo lo que antes miraba.
Esta pared dejó de ser su hogar
y se convirtió en escenario de carnaval.

XIII

Solo conoces la versión de mí
que se instala en tu rutina:
soy la que te acompaña a la compra;
la que pasea a tu perro;
la que le da de comer a tu gato;
la que ventila tu habitación;
la que recoge los platos;
la que te acompaña al dentista;
la que va a tu trabajo;
la que se va a dormir si tienes sueño;
la que sueña si tienes ganas de acostarte.

Me gustaría saber si te quedarías en mi vida
siendo mi monotonía:
la que viene a una conferencia;
la que pasea a mi perro;
la que se ducha en mi baño;
la que le da de comer a mi gata;
la que habla con mi vecina;
la que se tumba en mi sofá a la hora de la siesta.
¿Seguirás siendo amor cuando te conviertas en compañía
doméstica?

XIV

Me asomo a la ventana a través del cristal
y observo cómo una pareja de mujeres
se acarician mutuamente la cabeza
mientras miran el televisor desde el sofá.

Con las persianas subidas / Con la luz encendida.

Hago cena rápida; friego platos; leo y subrayo; contesto a mensajes; echo un cigarro.

Vuelvo a correr la cortina y poso mi frente sobre la manilla:
a ellas no les ha pasado el tiempo.
Siguen con la misma postura de hace una hora.
Una cabeza sobre el hombro de la otra y dos manos jugando con el pelo
en un encuentro de pijamas.

Pienso: «esas son las vecinas que quiero».

Leo columnas pendientes mientras mi pierna se enlaza con la pata de mi perro.

Dejo que la cortina caiga / Bajo la persiana / Apago la luz.

XV

Quiero afiliarme a tu vida;
votar a tu existencia cada cuatro años y que seas mi presidenta.

Que, al encender la radio, la locutora hable de ti;
que, al leer el periódico, el columnista escriba sobre tu experiencia.

Llenar mi tiempo de tus banderas sin perder nunca mi patria
es arriesgarme a amontonar llaves
y a desaprender la cerradura de mi puerta.

Conocerte en tu casa es desconocer la mía
y descubrir que mi mente es una matrioska,
y que hay versiones de esta chica que se han abierto contigo.

El amor es ideológico.

Quiero renovarte como a un partido político
del que nunca seré ministra:

Aspiro a que me veneres sin corrupción.

XVI

«La rosa / no buscaba la rosa: / inmóvil por el cielo»
García Lorca

Cuando Leonard Cohen entró en la librería,
no pensó en que *Diván del Tamarit*
iba a ser el culpable de que su hija se llamase Lorca.

Las palabras pueden actuar
como accidente artístico o pronóstico de existencia.

La rosa no buscaba a la rosa,
pero se quedó con el jardín.

XVII

«Take this waltz, take this waltz / Take this waltz it's been dying for years»

Take this waltz, Leonard Cohen

Tómame en un vals.

Llena mi boca con agua del río
y moja los pasos de este baile que se mueren por hacer
danza de los tuyos.

Tómame en un vals al levantarnos,
al acostarnos en el sueño.

Promete lo que puedas cumplirme:
Toda la energía del cuerpo se reduce al temblor de tu
coreografía.

Yo te quiero / te quiero / y te quiero…

Tómame en un vals
con esta música que es afluente de tu ciclo,
que no conoce más sonido que el de las gotas sobre el día
de tu caudal.

Yo te quiero / te quiero / y te quiero…

Aunque Viena nos quede lejos
y los cabellos de las muchachas se desnuden al sol.

Yo prefiero tu porción de España
y la forma de tu noche.

Tómame en un vals.

Da vueltas sobre este suelo
que se convierte en linterna de ave
si tú giras a favor de mis piernas.

Yo te quiero / te quiero / y te quiero…

Tómame en un vals con sabor a ventana eterna
y no laves el paisaje.

Toma este vals
antes de que llore la luna.

XVIII

«Pero yo solo he visto gente muy obediente / hasta en la cama»

Libertad sin ira, Jarcha

ÑA

Al demiurgo le han cortado las ma-
Nos han dicho que murió la cul-
Paseando por las ciuda-
Descarriadas minifaldas sollozan en los ba-
Respetar a la rebeldía es oficio de ro-
José y María no creen en la censu-
Raros son los hippies que buscan cambiar el mun-
Dominan las cartas electora-
Lessina y vaselina para comprender la vi-
Dama, solo sí es

Sí, nos han dicho que han ido a por Orlan-
Doce días hace que censuraron a Lo-
Pena de palabra a quien se atreva a desafiar al ayuntamien-
Todo lo que pasa en el Congreso, se queda en el Congre-
Sorpresas de la vida la propaganda electo-
Ralentizar la vida a 19-
39 veces sonando el mismo discur-
Solo nos queda papel y sobre para comprender qué esconde
Espa-

XIX

No sé en qué sílaba te has caído
ni que tamaño tiene la herida:

solo sé que contigo se fue la palabra
y no puedo pronunciar *cura*.

XX

Tempus fugit es la abuela
y *carpe diem* el alumno.

Tú eres el tópico.

XXI

Me veo sentada en un banco adoptado por la carcoma,
después de años volados,
cuando el parque deje de ser parque
y los mayores de 40 sean los nuevos niños.

En ese momento, en el que mis piernas se entrecruzan,
me pregunto cómo pude escribir aquel poema de amor.

No recuerdo a quién se lo dediqué / si hubo un alguien
detrás de la palabra / si solo el *tú* falsifica la presencia del
nombre / si fue a una mujer o a un hombre / si seguirá por
el mundo / si nunca existió

Lo único que sé es que estoy sola
y que lejos quedan las manos bajo mi falda.

Hoy llevo pantalones. Ya nadie busca mi palabra.

XXII

Fumo en la habitación con las ventanas cerradas.
En la calle,
hay mosquitos en busca de claridad
y yo permanezco bajo el flexo leyendo
un poemario que me recuerda a mi vida.
—Egocéntricamente poética—

Los insectos van hacia la luz
y yo me fundo con el humo
mientras pienso en qué culpa tendrán mi perro y mi gata
para dormir entre tabaco.
—Animalista irresponsable—

Aplasto a un mosquito con un poema de amor
de Luis García Montero.
Por fin reconozco mi reacción ante los versos:
paralizada en la palabra y muerta en la hoja.

Aplasto al cigarro en la boca del cenicero
y en el cuarto solo queda el olor a poeta y un cuerpo que pica.

XXIII

Tu cara es como un abanico
en el desierto de Tabernas.

Algo a lo que mirar en el desierto:
una señal de que, entre la nada, también se encuentra algo.

Una muestra de vida.

Un rostro que aligera el peso del verano
y un soplo de aire que frena el sudor.

Te toco con mis manos. Muevo tus gestos en un baile de muñecas.

Y hoy estás alegre / y me besas / y te atreves a prometer que el amor es más eterno que el paraje.

Y hoy estoy acalorada / y te beso / y me atrevo a prometer que el abanico es más débil que el molino.

Me quiero ir al invierno.

XXIV

Resulta que el amor
era verte en otras caras
cuando tú no estabas entre las calles.

Confundirte, inventar parecidos,
pensar que tu mirada correspondía
a la de todas las mujeres vecinas que madrugaban para llevar a sus hijos al colegio / ser las primeras en hacer la compra / sacar a sus perros.

Pero tú no hacías eso.

Tú seguías en tu casa desayunando con La Ser.
Yo deseando ser radio para acompañarte.

XXV

Cuando mi abuelo se fue,
mis abuelos dejaron de existir
y la casa se llenó de una chica adolescente
que aún no había comprendido el peso de la ausencia.

Ahora, cuando veo a mujeres de mi edad desfilando en comidas familiares,
pienso que mi tiempo pasó más rápido de la cuenta.

Entro en la cocina
y confirmo que sobran platos.

XXVI

«Ojalá pudiera tener la seguridad de que sientes añoranza de mí *de verdad.* Por lo menos, eso sería un consuelo...»

Fernando Pessoa

Mira qué cara de felicidad resbala sobre estas palabras que te miran, amor,
sin saber lo que esconde la verdad cuando llega a tu casa:
si se acuesta contigo y se levanta sin ti
o si duerme en el sofá a puerta cerrada sin saber quién eres.

El tropiezo con tus ojos, amor, es clavarse la herida
antes de caer en una habitación sin saber dónde está tu cama.

Y ya no importa cuán de cierto hay en lo que dices
cuando tu boca habla.

—Las palabras no tienen cinturones / y la seguridad se resume en la compra de un pestillo—

Amor, tú que tienes nombre y aun así no te llamo:
a qué edad aprendiste a tejer tu hogar con mi pensamiento.

XXVII

Me dijiste que la vida duraba dos días
y hace meses desde que nos conocemos.

Me pregunto, desde la distancia de tu voz,
cuánto tiempo hace falta para que duremos lo mismo.

A cuántas horas de distancia están nuestras existencias
y, de ser posible ubicarlo, en qué lugar se para el sueño y
comienza el beso.

A lo que tú llamas vida, yo le digo presencia.

XXVIII

Encontrarte es volver a mi adolescencia;
a la joven que buscaba, entre las pausas, una lectura que le ayudara a agrandar el pueblo.

Al hablar de un *qué es de ti*,
podría decirte que sigo siendo la misma persona que sueña con nacer,
pero ya me conoces crecida.

Me miras con ojos de instituto y yo te observo con cúmulo de tiempo.

Aún no ha rebosado la experiencia en la hija de Hermes y Afrodita:
sigo intentado saber cómo presentarme.

XXIX

Aún me pregunto, desde el zaguán que nunca compartimos,
qué cosas podrán oler como tus ojos:
el trastero
mi cama
la ducha
la escalera comunitaria.

Nada huele, aunque todo recuerde
e imagino que esta será una manera rápida de despedida:
percibir la ausencia de una mirada que deja su rastro en otra
planta.

XXX

«Esta carta ha sido escrita olvidando que sueles enseñar
mis cartas a todo el mundo»
Fernando Pessoa

El señor se despertó con ganas de que su palabra de poeta
viajara a la casa de un nombre de leche
con el fin de hacerlo caer tras la lectura de una carta.

Querida Ofelia: bebé o señora.
Cuando cae tu identidad, ¿nace tu heterónimo?
¿Dura más el afecto o el aburrimiento?

Le escribe desde el amor de escribir párrafos sentimentales
/ le escribe para que ella no diga que no recibe / le escribe
como obligación poética y no como consagración.

Querida Ofelia: musa o mujer.
Cuando dejas de inspirar, ¿quién eres?
¿Qué quieres decir cuando eres poema?

Le promete, desde la mente del amante, casarse con ella
si el matrimonio lo siguiera / le promete besarla / le
promete ser su devoto como si una diosa se posase
sobre un cuerpo mortal.

Querida Ofelia: Ibis o niñita.
Cuando envejezcas, ¿seguirás formando poesía?
¿Te crees amada o te ves amante?

XXXI

Quizás el tiempo observe, desde un chiringuito de playa,
cómo el invierno entra en las casas del norte
mientras él sigue enredándose con el sol.

Sentado en una silla de plástico solitaria,
juega, con el reloj parado, a piropear a personas
desconocidas
que se atreven a andar descalzas sobre la arena.

El resto de los mortales están acogidos por la lluvia
atreviéndose a vivir en un aeropuerto sin aviones.

La gravedad aún no conoce el sur.

XXXII

Si tuvieras el poder de leer dentro de mí,
tendrías la opción de escribir sobre lo que ocurre
sobre lo que no pasa
sobre lo que quiero que suceda

y sabrías que estás en el medio exacto que significa estar en ninguna parte.

Si tuvieras el poder de leerme desde dentro,
aniquilaría a todas las palabras que no te dedico:
el saludo a la entrada del supermercado
la pregunta del precio en la tienda
la despedida en el bar
el diálogo efímero en un recital.

Ya no serviría la rutina para entretener la semana, porque ella también moriría.

Si tuvieras el poder de leer dentro de mí,
aunque no sea de un color mi verdad,
trazarías un mensaje cromático con un vocabulario que solo tú conoces.

No importa que mientas, porque no te diré lo contrario.
Yo me quedaré tumbada en la toalla de una playa de
Almería
y fingiré que lo sabes todo hasta que ya no te quede nada.

XXXIII

Mi boca camina en sandalias en busca de tu palabra:
¿Llegaré al beso o al esguince?

XXXIV

Mi historia permanece desnuda,
sentada frente a un televisor apagado,
mirándome sin pudor por si acaso le sustituyo la mirada por una cobardía.

Nunca encuentro ropa que la cubra
y la encierro en mi casa para que su cuerpo se convierta en palabra:
Así la gente, en vez de ver cuerpo, descubre texto.

XXXV

El niño mordía una manzana
y su madre fumaba un cigarro a la sombra de un pino de parque.

Juntos veían las horas pasar del columpio a la barra del bar
sin preguntarse cuántos hermanos hacen falta para
convalidar unas navidades en familia.

Niño solitario y madre soltera
correteaban por la vida afinando el himno de la clase obrera.

XXXVI

Impresión Mínima Vital:
unos mostrando sus riquezas / y otros luchando por llegar a final de mes.

A la mitad de ese camino de diferencia,
se encuentran la opinión y el juicio / y la gente ya no es gente, sino capital.

XXXVII

Todo lo que se va vuelve
porque, si me llamas, me visto y cojo un autobús,
pero, si llega la hora de irme,
recojo sin hacer ruido y llamo a un taxista nocturno
para que me lleve a casa

y, desde la soledad de una cama acostumbrada a la lectura,
deletreo tu nombre y pienso en cuántas bocas
lo habrán pronunciado antes con la misma entonación que hoy te pongo.

Hay veces que quisiera ser todas las mujeres que te han querido
para que siempre hablaras al mismo nombre.

XXXVIII

La vida es un constante viaje
en un medio de transporte público
que reconoce las caras de otros tiempos en los pasajeros
que se atreven a mirarse desde lejos.

Después de peregrinar larguísimo tiempo,
nunca se descubre si la patria es el regreso o el amor,
descanso.

Quien conoce el mar embravecido
no tiene tiempo para fundir su tiempo en un beso;
sin embargo, sueña con volver a casa cuando está lejos.

Un camino existe porque alguien lo anda
y una llegada existe porque antes hubo una despedida a la que llorar.

Las musas se despiertan entre agua salada: mar o lágrima.

A todas aquellas personas que viajan por la vida sin saber su parada

ÍNDICE

Patricia Suárez es graduada en Lengua Española y sus Literatura, especializada en Comunicación por la Facultad de Filosofía y Letras de la Universidad de Oviedo. En la misma, hizo el máster de Profesorado y cursó Comunicación eficaz. Cuenta con cursos de periodismo narrativo, Siglo de Oro y Metafísica —estos últimos impartidos por la UNAM—.

Actualmente, realiza su tesis doctoral dentro del Grupo de Estudios Cervantinos con su investigación que hace referencia a la recepción del Quijote en la novela española contemporánea en el Departamento de Filología Española. Pertenece a la Asociación Internacional del Siglo del Oro, en cuyo último congreso ha formado parte de los miembros de la comisión local organizadora; ha sido ponente y también moderadora.

Patricia es portavoz y vicepresidenta científica de la asociación SOPHVM, cuyo punto de partida es promover el valor filológico generando charlas, cursos universitarios o recitales poéticos.

Es presentadora del programa literario en llingua asturiana, *PlayPresta,* ha formado parte de los poetas del ciclo QED celebrado en Oviedo. Ha sido actriz en *La doble vida de santa Teresa* de Paco Becerra. Ha publicado en la antología poética del Círculo de Valdediós y ha participado en revistas como *Anáfora* o en eventos como La poesía española desde 1975… para la UNED de Asturias.

Ha guionizado e interpretado el anuncio promocional del FITUR (2022). Ha impartido charlas, recitales en institutos de Asturias y ha formado parte del proyecto «El poeta y la luna», obra que rinde homenaje a Federico García Lorca.

Ha sido directora del programa de radio *El escrito* (AURA), programa sobre literatura y música nacional. Ha participado en las tertulias de la RPA.

Además de en antologías, ha publicado *Limerencia* (2017), *La flor cortada* (2019) y *La genealogía de los espejos* (2023). Por último, *Telémaco en la garganta*, es su último poemario premiado en el XIII Concurso Literario de la Universidad de Oviedo.